# VOLVERAS A AMAR

## Luis Euripides Arzeno Romero

Titulo: VOLVERÁS A AMAR
Autor: Luis Eurípides Arzeno Romero
Portada: Alan Alexander Arzeno Chía
Primera Edición
Larzeno1@aol.com
La Tertulia de Orlando
Corrección: José L. López
Orlando, FL USA.
Title ID: 4711330
ISBN-13: 978-0615992013
ISBN-10: 0615992013
Copyright © S.A., 2014, 124 pages.

# DEDICATORIA

Dedico este libro a mi inolvidable padre Dr. Luis Manuel Oscar Arzeno Regalado†, a mi madre Carmen Guadalupe Romero García Vda. Arzeno, A mi queridísima esposa Adela Magdalena Chía Rodriguez de Arzeno, la gran inspiración de este libro y quien junto a mis queridos hijos Luis Ernesto, Alan Alexander y Karol Michelle Arzeno Chía, en unión de mis queridísimos nietos Alexander Reales Arzeno Hernández, Jayden Lay y Tristán Style Arzeno de León, Orión Alan y Tripp Joseph Sillito Arzeno y mis queridos hijos políticos, Madeina Hernández, María Isabel de León y Daniel Patrick Sillito, todos ellos han sido el gran soporte y alegría en mi vida.

# INTRODUCCIÓN

El título de esta obra define el contenido de la misma, el tiempo y el espacio son los factores que evidencian mi sentir. Cada poema fue inspirado con un profundo amor hacia la humanidad y su belleza.

En la poesía, si unes silabas, acentos e inspiración, puedes conseguir música que arranque lágrimas y suspiros, que apacigüen el alma y llenen de admiración y deleite al público más selecto e incrédulo. Espero que leas despacio cada poema, busca el significado de cada palabra, en lo profundo de tus sentimientos, para rememorar aquellos momentos que no volverán.

Cada poema ha de llevarte a un mundo diferente, al amor pasajero, al dolor de las gentes, a ese amor poderoso que aun te besa en las noches, a este camino largo y silente llamado vida que aun no ha terminado.

Mis poemas se inspiran también en la belleza y lo temporal que esta es, pues en esta vida lo único cierto es la muerte. Todo lo que poseas en esta efímera vida no es ni será tuyo, pertenecerá a alguien más. Tus únicas posesiones, son el amor, el dolor y tus pensamientos. ¡Yo tengo algo más, mis poemas!

Saca del alma la poesía que te llena de sueños y emoción, que te traslada al camino recorrido en tu vida. Así aprenderás a hablarle al alma con un poema de guerra o un poema de amor.

Luis Eurípides Arzeno Romero

# PROLOGO

## ANTE UN LIBRO QUE NACE

Prologar un libro no es una tarea fácil, cuando lo tratado es un material de autenticidad, no dejando de ser un reto para quien prologa.

El libro, "Tú, volverás a amar", que ahora pueden empezar a leer en el orden que quieran, es un compendio de trabajos poéticos muy bien elaborados y concebidos a fuerza de sacrificio y dedicación.

Mientras nosotros desafiamos a la vida este poeta desafía a la muerte, con su única arma, la palabra. Porque es la palabra la primera herramienta en el discurso poético del poeta  Luis Eurípides Arzeno Romero, quien la maneja con el cuidado de los orfebres, casi nunca satisfecho hasta el último verso, pero seguro de su inspiración, que es otra herramienta en su haber poético.

Con esa misma palabra el poeta  Arzeno Romero, quien fuera discípulo de José Ángel Buesa, le canta al amor, y no a cualquier amor. Poeta que ingiere la poesía como alimento para "rumiarla", convertida mas en comunión que en comunicación, como dijera Octavio Paz. Estamos ante un poeta simple y sencillo, pero de una poesía exigente que a veces hay que escucharla antes de leerla por su poder de oralidad.

Arzeno Romero no empezó a escribir poesía tarde, más bien está publicando por primera vez ahora, luego que la poesía ha tomado un rumbo moderno y se ha visto a veces en el peligro, de desaparecer como genero tradicional. Es por eso que  Arzeno contribuye en estos momentos a nuestra literatura con el aporte de "rescatar" a la poesía  tradicional y sus diferentes estilos.  Y hablo de la poesía y sus diferentes estilos porque el poeta  cultiva en este interesante poemario, las diferentes formas de elaborar poesía, como el soneto clásico o moderno, las Redondillas, la Rima endecasílaba y el Verso Libre, como un rasgo que puede ser hasta revolucionario para un poeta que no es de esta generación y tampoco es de las pasadas generaciones, convirtiéndole en un poeta "atemporal".

Cuáles pueden ser las influencias de Arzeno Romero?, Empezaría a sentirse atraído por su padre Luis Arzeno Regalado, quien junto a Bolívar Belliard Sarubi, fundaron la revista "Avance" de la Policía Nacional en los años de 1960 cultivaron el verso clásico. O fueron maestros, como Mariano Lebrón Saviñon, Domingo Moreno Jiménez y Max Henriquez Ureña, quienes lo enseñaron a caminar en la poesía?

Así se atreve nuestro Amigo y Contertulio a escribir verso libre, sin desprenderse de un romanticismo y un barroquismo tiznado en su escritura, quizás, por la misma deuda de no haber publicado poesía antes y a veces se retrotrae como si fuera en un laberinto del tiempo y escribe y lee como si fuera en el siglo 17 al estilo de un Darío, un Bazil o un Fiallo y a veces hasta como el Balaguer poeta.

El poeta en la historia de la literatura ha ido cambiando de traje, desde la poesía medieval hasta nuestros días, sin embargo, Luis Arzeno puede ahora ofrecerte un poema de vanguardia como uno de amor, un poema a Francis Caamaño como un poema a la mujer de su vida. Poeta que se desdobla en una inspiración espontanea.

Arzeno Romero es miembro de La Tertulia de Orlando y es en la opinión de nosotros como un consagrado a las pulsaciones de las musas y sus provocaciones. Un poeta que su segundo idioma es el verso, un romántico, que prefiere leer a Juan Sánchez Lamouth o Pedro Mir antes de leer lo que dice la prensa por la mañana. Luis Eurípides Arzeno Romero es un ebanista de la palabra cantada y las rimas de sus poemas ya están en sus dedos antes decirlas. Se puede decir que el poeta Luis Arzeno está "salvando", de alguna forma la poesía que se pierde en los rincones de la modernidad: El Soneto y algunos relámpagos de Fabio Fiallo o Salomé Ureña que a veces "alumbran" su poesía. Un Poeta con la música por dentro.

Francisco Henriquez Rosa

# CAPÍTULO I

## Poemas de Amor

Tú

Rojas rosas pintadas de rocío.

Las campiñas repletas de colores.

Y tu silueta cuando acaricia el rio;

roba amarillo al néctar de las flores.

Pon tus labios en mi corazón vacio

y olvida mi amor todos los temores.

Abre esos lirios de tus pechos en flor.

Porque con un beso haremos el amor.

Orlando, FL Noviembre 19 del 2013

## Esclavo

El silencio amada mía me atormenta,
es mi alma el instrumento que utiliza.
Como gaviota al aire escurridiza;
mi cuerpo adolorido se lamenta.

Llegas a mi ventana muy contenta,
tu potente mirada me hipnotiza.
Besando el velo de tu piel cobriza;
por ósmosis mi cuerpo se alimenta.

Yo no sé si al besarme estás atenta
de que mi corazón se paraliza;
al provocar en mi alma una tormenta.

Aquella tierna gaviota huidiza,
Hoy ve con orgullo el poder que ostenta.
Y al verme enajenado me esclaviza.

Orlando, Fl., Julio/28/2009

## Costumbre

En el virgen vientre dejé un retoño,
Cuando sus caderas besaban el mar
Y en la espesura de la mar serena,
Se perdió la calma, llegó un huracán.

Amor de cristal que dejó el otoño,
sobre aquella playa al picarse el mar.
Ese gran recuerdo que hoy me encadena;
nada en las espumas que no volverán.

Porque en sus brazos era yo un bisoño,
cuya inocencia se perdió en el mar.
Grabé su nombre en la blanca arena,
con plateadas olas que vienen y van.

Bendito el vientre y el bello retoño,
de ese amor fugaz que me regaló el mar.
Y se hizo costumbre arrullar mis penas
porque sé que nunca, ellas volverán.

Orlando, Fl., Marzo 2014

## Mi Diosa

Adela, tu belleza es el centro de nuestro amor.
Te amaría por siempre bajo la sombra de un girasol.
Quiero mi Chía bonita, traerte la luna y el sol,
cuando estoy solo contigo no tengo ningún pudor.

Eliminaste de mi alma, tanta penumbra y dolor.
El sonido de tu voz murmullo en un caracol.
Tu silueta tan divina me hace perder el control.
Solo tus besos mi vida son los que tienen sabor.

Son tus ojos dos luceros con el más bello color.
Cuando la noche es oscura, alumbran como un farol.
Mi estrella, mi planeta, la mujer que me da valor.

La que en los fríos inviernos, me cuida y me da calor.
No hay nadie en este mundo que tenga tanto control,
tú eres la diosa Afrodita, eres la más bella flor.

Junio/2013 Orlando, FL USA
Escrita para el 38 aniversario de nuestra boda

## Mi Vergel

En un jardín abonado y sin maleza.
Sembré las semillas profundas de mi amor.
Floreciendo con el tiempo tres retoños;
dos cerezos y una flor.

Y sentado frente al jardín que quiero.
Añorando el tiempo que pasó.
Con la carga de los años que se apilan,
han crecido esos frutos del amor.

New York, 16 de Noviembre del 1992

## Temores

Con tu silueta rompes los agobios

y tus montañas se defienden solas.

Bello es el nácar que cuida tus labios,

junto a la espuma que bate las olas.

Amor pintado, recuerdo de sabios.

Santuario inmenso de mis viejas coplas.

Al pintar tu cuerpo en mis tiempos cuerdos,

libo en tus besos los viejos recuerdos

Orlando, FL 2013

## Adiós Primer Amor

Simple fue el espacio que ofreciste;
para albergar el amor y el ego.
Simple fue el cariño que no niego
y simple el amor que no me diste.

Átomos azules que regaste;
sabiendo que el corazón es ciego.
Encendieron con amor el fuego,
que llegada la noche destruiste.

Muy simple fue amarte con apego
y entender que nunca me quisiste.
Simple fue aquel día veraniego.

Simple fue el olvido que pediste;
viviendo una vida sin sosiego
y duro, saber que tú te fuiste.

Santo Domingo, 1968

## Humedad Musical

Así eres, fuerte y suave como el viento.
El sol robó la luz de tu mirada.
Quiso la flor sentirse tan amada
y las olas batirse con tu aliento.

No quisiera sacar del pensamiento;
la agonía de tu alma atormentada.
Solo quiero entrar en tu posada
y junto a ti rasgar el firmamento.

Y vivir y soñar este momento
sobre la luz fugaz de una centella;
cambiando de color este tormento.

Quiero sentir el viento con su huella,
la humedad musical de su lamento.
y el lloro y los quejidos de una estrella.

Orlando, Fl. 2009

## Mi Pena

Tú eres en verdad mi única pena.
Esa pena que quita la calma.
Leve pena que siempre se extraña,
tan extraña que se espanta el alma.

Vieja pena que llevo en mi entraña.
Y es tan grande, tan grande mi pena,
que mi mente como una maraña.
De solo pensar en ti se apena.

Orlando Florida, 17 de Marzo 2014

## Lamento

Eras el despojo de la soledad.
Una lágrima que no merecía.
Cometa candente en la noche fría.
Piadoso castigo por mi vanidad.

Fuiste el dulce amor en la oscuridad.
En verdad no sé si te conocía.
Tampoco sabré si no te quería.
Fuiste el instrumento de tanta maldad.

Fuiste el cariño que no recibía,
eras tú mi vida, eras mi verdad;
un gran tesoro cuando te tenía.

Eras tú la reina de la castidad.
El simple manto que siempre cubría;
las tristes miserias de mi humanidad.

Orlando, Fl. Marzo 2007

## Se alejó

Se alejo el corazón, se quitó el velo;
huyó de mi infeliz y desolado.
Fugitivo y esquivo se ha ausentado,
cuando la fama y el amor alzan el vuelo

Tengo sensación de dolor y celo.
Anhelos de alivio, sueño y cuidado;
que dejan el desierto desolado
y la memoria vagando por el cielo.

Hoy el llanto en mis ojos se apresura,
al arribar del vuelo entristecido
y sumido en un mar de desventura.

En mi pecho hasta el dolor ha huido;
al navegar en este rio de amargura.
Cuando la pasión se ha consumido.

Santo Domingo, 15 de Noviembre 1973

## Si Te Encontrara

Si yo encontrara vida después de muerto
y frente a mi estuvieran tus labios rojos,
Los besaría olvidando viejos enojos,
para vivir de nuevo el mismo tormento.

Y si mi nave atraca en el viejo puerto;
escogería de nuevo tus lindos ojos.
Saciaría mis penas con tus antojos,
sembraría mi flora sobre tu huerto.

Crearía para ti bellos manojos,
para orlar tú templo con gran acierto;
abriendo de golpe viejos cerrojos.

Caminaría perplejo casi despierto,
besando lo mejor de tus despojos
y nadando en la piel de tu desierto.

Miami, 2000

## Pétalos Deshojados

Rosa marchita que va sobre las aguas del rio,
simple nostalgia, de los amores prohibidos,
éxtasis y explosión sobre tu cuerpo dormido,
recuerdos que te acosan como lobos en el frio.

Vives de tu dolor, la tristeza y el hastío,
tu lecho, húmedo aun por un amor sin sentido,
vara mágica que dejó tu cuerpo muy encendido
y en la locura tú vas, sobre las aguas sin brío.

Ni la falta de pudor pudo opacar tu estrella,
ni las canciones más bellas, ni esos bellos quejidos.
Ni el odio, ni el olvido pudieron borrar tu huella.

Tantos pétalos ajados por el dolor y el olvido.
En el pulpito y el lecho te ves solitaria y bella,
pétalos deshojados por los hombres que se han ido.

Orlando, FL 09/20/2013

## Intimidad

Cabalgo sobre la llanura de tu bello cuerpo,
Se adhieren a tu virginal vientre los pétalos,
Las múltiples fricciones acortan los intervalos
Y lloras de placer cuando alargas el tiempo.

Maldices, al hacer del amor un pasatiempo,
Entre mimos y caricias me entregas tus regalos.
Sobre mi bailas, como en las fiestas de palos.
Con amor, te aceleras al primer contratiempo.

Explosión de dolor, amor, dicha e intimidad.
Derroche de intercambio del génesis celular.
Gran orgia de seguridad social y libertad.

Yo, que frustrado busco en el amor la igualdad
Desahogo mis instintos de una forma singular
Tomando el camino más largo hacia la felicidad

Orlando, FL Nov. 2012

## Tanto Amor

Con fe, muerde y acaricia mi piel,
Destila sobre mí tus fantasías,
Despierta mis demonios con tu ira,
Enciende esta hoguera que se apaga,
Lávame los labios con tu fuente
Y anida con tus besos mi calor.

Dame cariño, dame tus pechos;
entrégame la geografía de tu amor.
Rodea mi cintura y acaríciame,
saborea con tus manos mi rincón.
Penetra en la espesura de mi selva
y acaricia cada pétalo, cada flor.

Expulsa los enojos que detienen,
El desenfreno, los gritos y el clamor.
Permíteme, ser tu cariño marginal.
Arranca de mi solitaria alma;
Los miedos que me llenan de temor.

Y cuando descanses bajo la palma.
Entrégame con lloros y suspiros.
La miel, que brota de tu cauce virginal.
Y juntos encontraremos las causas.
De tantas caricias, tantos besos y tanto amor.

Orlando, Florida Junio 2013

## A través de sus ojos

Es a través de sus ojos que yo veo el cielo.
Es al besar su boca que brotan lirios y claveles.
Entregándome sensaciones de olores y pesares.
Que llegan, al hacer el amor y se quita el velo.

Ella, la que jadea en la espesura de mi desvelo.
La que nada en lo profundo de océanos infernales.
La que respira átomos de viejos amores infieles;
Arriba a mí, cansada sin detener el vuelo.

Ella, la que vestida de soledad no brinda consuelo.
La brillante luz que ilumina el azul de mis anhelos.
Hoy me deja solitario en este interminable duelo.

Mujer de complicados amores que causan revuelo.
Hoy plantas en mi efímera aurora, dolores y celos.
Gaviota que cansada de volar, despiertas en mis sueños.

Las Vegas, Nevada Octubre 19, 2013

## Loca Pasión

¿Por qué, he de pensar en ti amor perverso?
Cuando este dolor lo tengo merecido.
Me robaste el corazón y lo vivido.
Adueñándote de mi alma y universo.

En esta pasión insana estoy inmerso,
al compartir este amor, con tu marido.
Hoy que llegan los celos a mi sentido;
acabado y postrado escribo un verso.

Tú eres, la ruina, el dolor y el gozo;
el cauce desbordado de mis penas,
la lluvia y tempestad de mi sollozo.

Eres la única ola en la mar serena.
Eres mujer el diluvio y sus destrozos;
la sensual y única flor que a mí me llena.

Torredeembarra, España, Noviembre 15/1987

## Volverás A Amar

Ella, llegará al alba con caminar silente;
entrará por la puerta para no buscarme más.
Con un gorjeo sonoro entonará su canto
Y como peregrina visitará mi altar.

Llegará a mi posada entrando de repente
sellará mis labios y no hablaré jamás.
Mi inmóvil cuerpo lo cubrirá su manto
secará mis lágrimas sin volver a cantar.

Tú, agarrarás mis manos y besarás mi frente;
acariciaras mis mejillas y luego llorarás.
Ante tus bellos ojos se perderá el encanto,
leerás mis poesías y querrás recordar.

Tú, llevarás mi cuerpo a un lugar silente
Y con un simple suspiro mi nombre olvidarás.
Solo en las mañanas frías escucharás mi canto.
Pero yo se que muy pronto, tu volverás a amar.

Tu corazón con su idioma de latir potente
Buscará nuevos labios y de nuevo besará.
Bajo los rayos del sol te llenarás de espanto.
¡Yo, en realidad te digo, tu volverás a amar!

Orlando, FL Oct./02/2013

## Sentirte

Quiero vehemente, ser tus paseos.
Con eficacia, con fuerza y con pasión,
Ser la brisa que acaricia tus deseos.
Ser el guía de tu ardiente corazón,

Y como si yo fuera tu único anhelo
En un rincón del altar ser tu oración,
Al alba, tomar lo que no poseo
Entretenido en tu mágico rincón.

Si, pecho con pecho, labio con labio
Con tus manos en el bosque del amor,
Yo quiero ser fuego, quiero ser libre
Saborear el sonido de tu voz,

Barcelona, España, Septiembre, 3 de 1990

## Mis Poetas

Nunca los rayos del sol, ni la gélida luz de la luna dejaron de amarte.
Tú, como siamesa primeriza esparces en el subyugado espacio;
el estruendo melodioso de un grito de dolor, sobre polen y pistilos.
Preñada de dolor y atraso, te balanceas entre el norte y el sur.
Tus gritos como notas musicales recorren las tres cordilleras y se queman
con el sol.
Mis oraciones apocalípticas presagian en ti cambios irreversibles.
Y los millones de plateados y secos paladares en ayuno permanente;
Comen olores y recuerdos de animales fétidos.
Beben agrios matices de lúgubres mañanas frías y se visten de injustas
sentencias que abrigan el dolor en tus hijos.
La programada ausencia de ingesta, acribilla los estómagos solitarios.
Los libros ausentes; quimera inalcanzable aumentan la ignorancia,
Entregando a tu población multicolor, su acento de maltratada lengua.
Y un racismo y una homofobia que cercena cerebros progresistas.
¿Dime que te han hecho?, ¿Violaron tu historia?
¿Cercenaron tu ensangrentado y añejo almanaque?
O fue que amedrentaron los peces del rio con sus químicos cancerosos
Será que mancillaron tu tierra negra pintada de oro mojado y de grillos
bulliciosos.
¿Quién Sembró los campos con flores preñadas de colores violentos?
Qué viento poderoso regó esa simiente impregnada de odio.
Quizás, fue un ejército de invisibles luciérnagas solitarias, destructoras de
solidaridad.
Ellas sembraron con su insaciable lujuria, tu rugosa piel con santificadas
tumbas de héroes anónimos.
Ellas dilapidaron y se adueñaron de los recursos que indigestan.
Y luego cercenaron el aire con sus propias mentiras.
¿Dime qué haremos con este pueblo, vejado en cada célula?
¿Qué haremos con las tumbas de nuestros hijos, los tuyos y los míos?,
¿Qué haremos con este humillante dolor que se incrusta en las neuronas?
¿Qué hago con mi mulata piel y con mis retorcidas hebras de cabellos?

21

¿Qué haremos con nuestras anchas narices y nuestros pies descalzos?
Esos pies que trotan por caminos espinosos que nos transportan al pasado.
¿Qué le diré a los héroes y a su sangre regada por siglos en este paisaje?
Cómo podré exprimir las nubes para regar esa piel verde que te cubre.
Qué haré para que estas lancen rayos que den luz a este cementerio.
¡Tal vez tendré que ordenarle que rieguen los secos cultivos y llenen los ríos!
¡Tal vez evitaré que tu historia haga un juicio contra esta desgraciada generación!
¿Cómo obligaré tus hijos a luchar? ¿Cómo comprenderán que dentro de esta vorágine de tierra negra hay futuro?
Quizás no entenderán que esta masa rocosa giratoria es nuestro universo.
Debemos luchar contra los enemigos que atormentan tu alborada,
Esos, los que lanzan dardos de dolor y te arrastran al ocaso.
Los que nos alimentan el ego con colores de racismo y derrotas.
los que crearon y aun crean los insomnios permanentes de tu pueblo.
Los que presagian ganancias de sus odiosas mafias partidarias o religiosas.
Los que llenan sus bolsillos con los sueños de tus hijos.
¿Cómo enfrentarás, las generaciones mutadas por la incultura?
¿Cómo curarás a los neonatos y a las parturientas sin medicina?.
¿Cómo detendrás el nacionalismo racista contra tus propios hijos?
¡Quizás con una avalancha de libros!, ¡Presagiando nuevos días!, ¡Quizás con un arcoíris sostenido por los barrigones párvulos de tu pueblo!
O por una trabajadora sexual, cuyo himen reposa como trofeo en un lupanar.
¡O quizás! Enfrentes la incultura con los versos de poetas de la talla de Mateo Morrison, Tony Raful, José Mármol, León Félix Batista, José Alejandro Peña, Basilio Belliard, Alexis Gómez, Soledad Álvarez, Francisco Henríquez Rosa, Nelson Ricart Guerrero o por esta olvidada, entristecida, vejada y soñadora pluma.
¡Tal vez! con un discurso preñado de roció que moje las almas negativas y desentierre en nuestros sepultados corazones a Fabio Fiallo, Osvaldo Basil, Moreno Jiménez, Sánchez Lamouth, Enrique Eusebio, René del Risco Bermúdez, Salomé Ureña, Héctor Incháustegui Cabral, Freddy Gaton Arce, Manuel del Cabral, Aida Cartagena y tantos otros guerreros de la

inspiración, de la tinta y papel.

Poetas capaces de cambiar el desierto tórrido, por un campo lleno de seres humanos pletóricos de amor, con una fauna de belleza vibrante, de raudos ríos y campos de alegres flores que llenen de revolucionarios olores musicales esta tierra dividida, que es un paraíso de Dios.

Después que tú leas un poema de cada uno de mis admirados poetas, Llévame en tus alforjas como trébol deshojado a visitar a mis héroes olvidados

¡Tú sabes donde están! Porque están enterrados en tu vientre de lodo y roca. Porque dan vida a la fértil superficie de tu piel de diosa

Un diecinueve de marzo dibuja, un bosque de soberbias piedras hurañas.

O pinta de patrióticos colores mi pecho en el Memiso o Cambronal.

Regálame una cruz en el Cercado, dame un fusil en las Carreras.

Atosiga el lado izquierdo de mi pecho con la arena

y la sal de playa caracoles y besa mi piel con patrióticos acordes celestiales que nos impriman fe en la libertad.

Hazlo bajo este cielo que se estrella en los muros de tus entrañas,

O en tus pechos montañosos con melenas de esmeraldas.

O en tus majestuosas costas de cristales pulidos por el mar.

Y lávame con la salobre arena blanca de tus interminables playas azules.

Para que luego en el letargo de la amplia noche, puedas entender tu agreste estructura rocosa; bajo el inmenso azul del cielo de este gigantesco arcoiris, que hoy te baña.


15 de Junio 2013
Orlando, FL USA

23

## Partida

En la lluviosa alba de mi efímera existencia te sentaste.
Derramaste sobre mi cuerpo el polvo precioso del amor.
En esta lucha de sudor, sentimiento y lágrimas te alejaste.
Dejando el arcoiris sentimental de mi vida sin color.

En el tormentoso y frio ocaso de mi vida regresaste.
Prometiendo curar las heridas que al partir dejo tu amor.
Gozaste enervando este desierto cadavérico que dejaste.
Como ave de rapiña degustaste cada palmo de mi cuerpo sin temor.

Con tus cálidos besos mi anatomía levemente saturaste.
Mi irreverente ego cedió al fino chantaje del aroma y tu calor.
Al vestirse de negro la tarde saliste de mi vida y te elevaste;
dejando para siempre impregnada mi almohada con tu olor.

Madrid, 1986

## ¿Quién eres tú?

¿Quién eres tú?, me pregunto yo.
Eres del suave polvo, solo el color
Un destello cromático bajo la lluvia
Una partícula de agua en la lejanía
Una condición atmosférica, eres calor

¡Eres! El suave canto del ruiseñor
Un rayo de luz en la memoria
En verdad para mí, eres la gloria;
Célula o Átomo, eres amor.

Orlando FL, 2013

## Quizás

Quizás en tu amor soy un espejismo,
Quizás no soy nadie, solo un labrador,
Quizás en tus noches un fugaz lucero,
Quizás soy de cerca, quizás un cantor.

Quizás sea el aire, quizás soy un niño
Quizás de la tarde el ardiente sol,
Quizás soy el viento, o el fino rocío,
Quizás soy el canto de aquel ruiseñor

Quizás sea una cruz al lado del río
Quizás un sonido que trae el dolor,
Quizás sea tu piel, quizás soy tu abrigo
Quizás un abrazo, quizás el amor.

Quizás en tu vida sea la emoción
Quizás en tu pecho soy el corazón

Orlando FL, 2013

## Se Fue

La vi temblar en mis brazos, cerca de mi corazón
Hoy no tengo sus abrazos, ni sus besos, ni su voz

Pensar que la tarde es larga, y muy corta la ilusión
Y que un rayo de la luna nunca será precoz

Que en las estrellas lejanas, no hay noches ni estación
Y que sus labios actúan como un animal feroz

Que su figura hoy reside en una constelación
Ella se fue entre mis dedos, con los pasos muy veloz

Quebró el sonido de mi alma, quebrando así mi emoción
Desapareció de pronto perdiéndose en un alfoz

Solo me queda el recuerdo, del amor y la pasión
Solo el calor de su cuerpo, solo los rayos del sol

Solo un trozo de su aliento, solo un roce, solo un gozo
Solo sus húmedas caricias, solo su acervo y su voz

Se fue, como se va la vida, se fue tan lejos.
Tan lejos, que ni los ángeles pueden escuchar su voz

Orlando FL Junio/2013

## Mi Riachuelo

¡Oh! mi riachuelo de aguas bendecidas,
mi campiña florida en la pradera.
Tú que eres el invierno y primavera;
juegas en mi regazo entretenida.

¡Oh! criatura divina y desvalida.
Yo busqué un oasis en tus caderas;
haciéndome el amor de mil maneras.
Hoy gimes a mi lado agradecida.

Y mi pincel como río caudaloso,
deja en ti lo mejor de esta poesía;
al morder esos labios amorosos.

Toca el camino que por amor ardía.
Señálame el camino montañoso,
que me hacen recordar que te quería.

Orlando, Fl. junio/06/2007

## Adiós Amor

El silencio se ensañó conmigo,
al oír de la amada su voz.
Su voz azul y sus cantos rojos;
llegaron a mí tan invisibles como el amor.
Luego, llegó el pertinaz silencio
Y se volvió triste en mi alma su canto.
Y como amante perseverante;
agudicé con recuerdos mi memoria.
Aun así, no pude ver su rostro.
No pude oír su canto,
Ni volver a escuchar su voz.

Orlando, Fl. 2013

## Poesía

Soñadora peregrina del silencio y del dolor.
Que ve las nubes del alma derramar gotas de amor.

Arcoiris de pasiones, pupila de la conciencia.
Poeta de las canciones que alegran el corazón.

Traductora de ficciones, de épicas y epopeyas.
Caja de música eterna, dulce remanso de paz.

Relatora de la historia, génesis de rima y romances.
Que compara las estrellas con las mujeres más bellas.

Pensamientos que descubren las sensaciones ajenas.
Saeta de oro y de plata que cruza la noche fría.

Destello crepuscular, pregonero de la vida.
Fantasía o realidad que no se puede olvidar.

New York, Oct. 1990

## Cuando Regreses

En esta habitación azul y blanca,
Donde el perfume de tu cuerpo se hace eterno.
Hoy que te quiero y no te tengo,
Espero en silencio tu llegada.

Y cuando llegues a mi lado,
Sabré sacar de tus entrañas,
La miel divina de tu sexo,
Haré vibrar todo tu cuerpo,
Viajaré contigo a lontananza.

Y cuando todo haya pasado,
Quejidos, lloros y suspiros,
Te llenaré de besos y caricias
Y dormirás tranquila,
Mientras mi alma se estremece
Al saber que estás conmigo.

Barcelona, España, 1986

## Monosílabo

SOY
EL
PAN
DE
TU
SER
Y
TU
MI
SOL

SOY
LA
SAL
DE
TU
MAR
Y
TU
MI
PEZ

YO
SOY
TU
Y
TU
SOY
YO

Orlando, FL 2013

## BISILABO

LLEGAS
COMO
NUEVA
TARDE

COMO
BELLA
NOCHE

LLEGAS
COMO
BLANCA
ROSA

COMO
VERDE
ARBOL

LLEGAS
COMO
BELLO
BOSQUE

SALES
COMO
NIÑA
HECHA
MUJER

Orlando, FL 2014

## Trisílabos

Me inspira
Tu boca
Estuche
Divino
Que quema
Mi alma

Fogata
De dulces
Recuerdos
Que dejó
El amor
Frente a mí
Ventana

Retoño
De tristes
Y dulces
recuerdos
Sacados
Del alma
Que jamás
Volverán

Orlando FL, Abril 2, 2014

## Recuerdo

En el ocaso, lloré su ausencia.
En mi corazón grabé su nombre.
bajo la melena del ardiente sol
y con el rubor de la virgen mañana;
deposité mis besos en tu dolor.
No me di cuenta que fuiste en mi vida,
el núcleo filosófico de la pasión.
Que en tu primavera, fuiste un sismo.
La figura radiográfica del amor.

Santo Domingo, 1975

## Recuerdo Musical

El cariñoso tiple, abandona tu garganta en copla
Como bullicio neurótico de obstinados decibeles
Te adosas dentro de cada rincón, en huecos y anaqueles
Activando mis neuronas, cuando la tuba el viento sopla

El más bello y celestial sonido de la guitarra acopla;
arrulla el oído, con música, rumores y colores.
Tus pétalos musicales, los más bellos entre las flores;
contrastan con las triadas del saxo hoy en Constantinopla.

Los rayos y truenos crean liricas que el cuerpo produce.
Con el baile del mar y sus olas, las corcheas y fusas;
con un beso y un abrazo el idioma del amor traduce.

El sonido del violín, contrasta con las almas ilusas.
Sinfonía de gritos y suspiros, que al amor induce.
Trompetas y marcato musical que nos traen las musas.

Orlando, FL Mayo/19/2013

## Pintarla

Quiero pintar su aurora, con los rojos rayos del sol,
Pintar sus senos erectos.
Quiero pintar sus ojos, con los colores de la mar
Y que ellos sean perfectos.
Para en la tarde lluviosa, beber gotas de su sudor,
Beber de sus ojos cada lágrima.
Beber cada palabra y con las letras de su suave voz
Escribir una verde canción
Y con la luz de la luna, hacer anillos con su olor
Pintar de amarillo su universo.
Quiero pintar sus besos y sus abrazos de azul
Que sean doradas sus manos,
quiero que ella sea mía, y me entregue su calor
Que este amor no sea en vano
Pintar el cielo de verde y enseñarle mi color
Pintar nuestras almas de gris
Pintar de rosa el tormento, el dolor y su rencor
Pintar las estrellas de plata
Pintar con el rocío sus células y cada flor
Sus labios los pintaré de sabor.
Esa bella figura, la quiero con sus gemidos
Y que sea mi único amor.

San Diego, California 10/21/2013

## Te burlaste

¿Te burlaste de mi amor, tú, que le viste?
Y en mi propia habitación, sobre una mesa.
Tú perdiste la razón, mujer perversa,
al romperme el corazón, hoy estoy triste.

En el mundo del amor, ya tú no existe.
Me llenaste de dolor, no me interesas.
Le entregaste mi ilusión, cuanto me pesa.
¿Solo quisiera saber porque te fuiste?

Provocaste una pasión que no sentiste.
Te tomaste mi whisky y mi cerveza;
para luego decirme que te fuiste.

No puedo comprender tanta bajeza.
Al traicionar la ilusión, me sorprendiste;
desdeñando tanto amor por la riqueza.


Live Oak, Florida Diciembre, Mayo, 2007

## Lekin

Ella fue en mi niñez una dulce flor.
La niña que vivía en las estrellas.
Aun así la más fina y fiel doncella;
que habitaba en el mundo del amor.

Y reflejé en esta diosa mi dolor.
En mi interior la sentía tan bella.
Con el tiempo yo vería la huella,
que produjo conocer tanto esplendor

En verdad, fue mi amiguita del alma.
Una niña de mirada serena;
la que al hablar me traía la calma.

En ella nunca habitaba la pena.
Tampoco nunca pretendió la fama;
porque ella era, la más dulce y amena.


Con cariño para mi amiguita del alma
Ana Angélica Guerra Carbucia

## Una Respuesta

Hoy mi amor...
El encanto de tu risa
Se confunde con el sol,
Tu recuerdo en mi cerebro...
Se convierte,
En mil años de dolor
Tú figura inerte...
Como estrella fugaz...
En el universo inmenso se perdió.
La suavidad de tu piel...
Como un clavel marchito...
Ha perdido para siempre su color...
Enardecido el ánimo,
Delirante el alma,
Tu recuerdo se esfumó.
Solo vivo, y solo muero,
Buscando en el universo,
Una respuesta inteligente a mi dolor.

Orlando Fl., Abril/14/2009

## Vuelo

Quebraste mis alas en pleno vuelo,
al aferrarme a ti perdidamente.
Me hieres cual rayo caído del cielo
y me liberas de odio serenamente.

Yo quisiera besarte en aquel viñedo
Saborear el viento al volver la calma
No quisiera pensar que te tengo miedo
Al tocar la tierra, se atormenta el alma

Escucha mis lloros oh señor eterno.
Libérame señor de mi propia fama
Evita mi Dios que viaje al infierno
Me senté a tu diestra y volvió la calma.

La quise y la querré mientras dure el vuelo
Solo quiero besarla cuando caiga al suelo.

Miami, Fl., 2000

## Morada

En el vacío inmenso de esta cripta
Morada eterna de un dulce recuerdo.
Con la tersura de tus manos tibias
Sobre el desierto ardiente de mi cuerpo,
Cruza un destello de pasión divina.

Con la fragancia, el intelecto duerme
Y con la chispa de tus bellos ojos,
Dulce misterio de una noche fría,
dejaste exánime la inocencia un día.

Rayos de vida cruzan el camino,
Germen fecundo de mi amor por ti.
De aquel tornado solo leve briza.
Llegando el alba todo se termina.

Y en esta cripta de ladrillos rojos
Mora el recuerdo de mi amor por ti.

New York, Abril 26 de 1991

## Campesina

Quiero ser campesino por unos días
Y bañarme contigo en el manantial.
Quiero ser campesino morena mía
Y comer de los frutos del platanal.

Quiero ser campesino morena linda
Y llevarte al bohío cuando anochezca.
Quiero brindar contigo bajo la luna
Y sentir el rocío cuando amanezca.

Quiero ser campesino de tierra adentro
Y montar una estrella con pensamiento.
Quiero dejar en ti todo mi aliento,
Quiero ser campesino, ser como el viento.

Quiero rasgar tus ropas, brindar contigo,
Cosechar los frutos del sentimiento
Y romper la aurora con el silencio.
Quiero ser campesino yo no te miento.

Barcelona, Febrero 3, 1988

## Verso Libre

Dicen que para ti soy un verso libre;
que guardas sin rimas en el corazón.
Un  verso libre sin ninguna métrica.
Un verso libre esclavo del amor.

Deja que mi verso retoñe en tu pecho.
Que  llegue una luz, una nueva flor.
Deja que tu alma olvide las reglas.
Una nueva forma de hacer el amor.

Orlando FL, Enero 25, 2014

## Prisión

En esta prisión que apresa hoy mi alma,
de miseria y dolor por lo vivido.
El infierno de amores que se han ido.
El ungüento divino que embalsama.

Al ver el cuerpo rígido en la cama
Y pensando en lo mucho que he sufrido.
Puedo ver el camino recorrido,
se paró el corazón, llegó la calma.

Hoy se apagó la hoguera, nadie aclama.
Aquella tibia piel, hoy está fría,
se olvidó el amor, se apagó la llama.

Ya no podré ver la noche ni el día.
Ni la belleza que te dio la fama,
al morir solo queda mi poesía.

Orlando, FL 2013

## El Muerto

Desde el estrecho espacio está mirando
las caras que reflejan amargura.
Solo pensando en la fría sepultura,
vio el sepelio que iba avanzando.

Su mujer con un manto iba llorando,
cuando un amigo su dolor le cura.
Dadle señor cristiana sepultura;
dijo la viuda que ahora va gozando.

Y el amigo que besa con ternura,
a la viuda que sola está quedando.
Para quitar peso a tanta amargura,

denle fuego al cuerpo estamos terminando.
Y cuando el fuego llegaba a la cintura;
vio a su mujer que ya estaba bailando.

Live Oak FL, 2007

## Perdóname

Yo supliqué amor por tu presencia,
Y lloré a tus pies, arrepentido,
Por el pecado y daño cometido
Te  pedí perdonaras mi insolencia.

Solo recuerdo de tu olor la esencia,
Al arribar al lecho sin sentido.
Hincado, destrozado y aturdido,
Vine a limpiar el alma y la conciencia.

Yo arribé sin voluntad y rendido,
Solicitando a Dios por tu clemencia,
Al creer que el amor no está perdido.

Pero no podemos curar una dolencia,
Si el amor y el dolor se han confundido
Y  el alma ha perdido la paciencia.

Miami, FL 2004

## Tristeza

Hoy se Marchitó la rosa y tu hermosura
Ajada por el tiempo incontrolable
Que destruye la belleza más amable
Sumergiendo la mente en la locura

Hoy se perdió tu memoria en la espesura
Con la ilusión de un amor interminable
Que eliminó tu altivez tan deleznable
Convirtiendo tu sonrisa en amargura

Y me uno a ti, mi amor en la tristeza
Esa tristeza que atada a mis recuerdos
Se estrella en las perlas de tu boca.

Asida a mis canas y a los recuerdos
Te balanceas sin fama y sin belleza
Añorando los momentos que has vivido

Orlando, Florida 15/2014

## Moviendo la Cola

Yo quiero ser como el peje
Que aunque quisiera no llora
En su garganta se atora
Pero nunca deja el deje

El peje es como la mujer
Que siempre mueve la cola
Y camina siempre sola
Aunque no tenga linaje

Ella siempre va de caza
Buscando una buena presa
Tira el anzuelo, lo apresa
Lo muerde con to y coraza

Se come siempre la masa
No deja ni un bocadito
Lame el hueso y el mulito
Y le quita hasta la casa

No tienen perdón divino
Si no quiere que te muerda
No le tires mucha cuerda
Quítate de su camino

Miami, Abril, 1997

## Traición

En el salón aún retumba
El dolor y la agonía
La soledad en mi tumba
Y tu alma triste y sombría

Tantas huellas del pasado
Tanto destrozo en la vía
Todo el camino llorando
Mientras la muerte reía.

Si su faz era morena
Mi piel también era tierra
Ella era la mar serena
Yo era su lobo de sierra

Solo la muerte y sus besos
Doblegaron el amor,
Solo sus cálidos dedos
Solo ella y el dolor,

Veo las gotas de sangre
Miro su pelo teñido
Y llega como un enjambre
Cada duda a mis sentidos

El recuerdo de su cuerpo
De sus gritos en la cama
Echan hacia atrás el tiempo
De tanta belleza y fama

¡Los encontré muy gozosos!
¡Se besaban y abrazaban,
Como si fueran dos osos!
¡En verdad no me esperaban!

Y perdiendo los sentidos
Por tanta furia y enojos
Yo le arrancaba la vida
Hasta sus gritos eran rojos

Pero yo no había entendido
Que ella, ya no me quería
Que las cosas en este mundo
No eran como yo creía

Que por el amor que sentían
No podían comprender
Que les quitaba la vida
Que les arrancaba su ser

Ellos morían amándose
Yo moría muy solitario
Ellos morían besándose
Y yo solo en el calvario

Aún recuerdo sus cuerpos
Aun recuerdo aquella cama
Ella le juraba amor
Él le acariciaba el alma

El eco de ese gran amor
En el salón aún retumba
Y sus almas con gran valor
Se ríen de mí en la tumba.

Orlando, FL 2013

## Pena

Luces, titilan en el negro manto
Estrellas que recorren mi sentido
Atajo del camino recorrido
Al arribar su cuerpo al campo santo

Su rigidez nos muestra un gran encanto
Lloro de rabia por el amor perdido
Con cariño la hubiera protegido
Al recordar su voz oigo su canto

Porque llorar en la mañana fría,
Los recuerdos más bellos que he vivido
Si al soñar, ella en mi hombro se dormía

Fue un animal voraz el más temido
La que en momentos de dolor me sonreía
Hoy se me fue el amor, el más sufrido

Sto. Domingo, 1972

# Vicio

En este mundo embriagado de avaricia

Viviendo bajo el ensombrecido manto

Caminaba incierto en la penumbra,

Un hombre afamado y arrogante.

Viendo el mundo inclinado a sus pies,

Se aferro a esta vida con conciencia mísera,

Sin detenerse a pensar en los demás.

un día sin lauros entro en la bruma.

Creó tempestades de placeres vanos,

Desviando el rumbo de su vida austera

Atónito, callado y desvalido se quiso incorporar

Con el pensamiento fijo en el pasado,

Por la pendiente del olvido y el ocaso,

Caquéctico y mutilado por el hambre,

Cayó de golpe,

Quedose inerte,

Murió olvidado.

Madrid, 1/26/1986

# Tu

Soledad maldita que destruye mi existencia,

Recuerdos que se agolpan en mi mente.

Pintoresco panorama del que sufre,

Sabor amargo de la vida,

Vacio inmenso que tortura,

Esta energía fecunda se transforma,

En microscópicas partículas de impotencia.

Y de la nada tú, sonora como el arpa,

Bella y consciente de tus fuerzas,

Transformaste con tu cuerpo y movimiento alterno,

Mi amargura en alegría.

Luis Eurípides Arzeno Romero
Barcelona, España, Diciembre, 12, 1989

## Luna Enamorada

¡Oh! gigantesca Luna enamorada,
celestial reflejo de la soledad.
Fuego que quema el alma en la oscuridad,
belleza plateada en mi alborada.

Luna del amor, te veo cansada.
Bello satélite de la inmensidad,
rayos que acarician con su intensidad,
atrapando el alma en una mirada.

Rígida reina del manto estrellado.
Luna del amor, eres hoy mi estrella,
orbitas, junto a tu amor olvidado.

Esférica Luna, sí que eres bella.
Eres el amor, que al fin ha llegado;
eres una diosa, eres mi doncella.

Junio/12/2013

## Frígida

En un rincón de la casa,
Inerte, fría y brillante,
Se reía sin cesar,
Una figura de vidrio.

¿Por qué reirá la estatua?

Si ella es fría, yo caliente,
Si no tiene sensación.

En esta vida es mejor,
El llorar con la razón,
Que reír sin corazón.

En el rincón un día,
La estatuilla se quebró,
No voy a reír amigos,
Lloraré por compasión.

Barcelona, España, 1986

# Capítulo II

Cosas que sentía en mi pecho
y jamás pude publicar.

## Poder Latino

Son tus manos humilde campesino
poder de la victoria sacrosanta,
el suave canto de dolor que encanta
la llama viva del poder latino.

De la patria tú eres el destino,
si el filoso machete se levanta
el pueblo unido al enemigo espanta,
creando historia y un nuevo camino.

Tomaste fuerza del gran Constantino,
abriste el camino a la guerra santa,
hiriendo de muerte al monstruo asesino.

Libera del yugo al pueblo que hoy canta,
camina libre como un peregrino,
hazte oír con fuerza, con mucha garganta.

Santo Domingo, Fl. 12 de Agosto del 1974

## Me Burlo

Hoy me burlo del que quema mi bandera.
De los que apoyan la guerra fratricida.
De los que roban al pueblo su comida.
Del imperio y de su forma traicionera.

Hoy me burlo de los curas con su hoguera;
del político que miente sin medida.
Del senador con el alma corroída.
Del diputado que destruye la pradera.

Hoy me burlo del que empeña sus corotos
De los  jueces que parecen distinguidos
Y del mañoso ministro y su alboroto.

Hoy me burlo del político resentido;
de los ciudadanos que venden su voto
Y me burlo del que no está definido

Kissimmee, FL 2013

## Lucha

Camino solitario en este mundo
El aire es duro; de oro es el dolor,
Aun cuando el perfume es nauseabundo
En la guerra lo que busco es el amor

Pueblo mío cuando estemos juntos
Pensemos que la lucha es una flor
Enseñémosle al mundo compañeros
Que al luchar no hay tristeza ni dolor

¡Vengan! días azules, no estén lejanos
Nuevos héroes cambiaran este color
La patria no será preñada en vano
Mis lagrimas serán el roció de esta flor.

Orlando FL, Septiembre/13/1994

## Fusil De Palo

Quiero un fusil de palo, para sellar el techo
de la mujer parturienta en la pobreza.

Busco en la tristeza de los labios del pueblo.
Un canto de guerra, un odio al dolor.

Al dolor de un niño; jugando con el hambre.
Al giro del viento, al llorar las gentes.

Quiero un fusil de palo, para crear astillas
y con ellas una hoguera que amedrente el frío.

Ese frío intenso, que doblega el alma,
Que no permite pensar, ni comer.

Quiero un fusil aunque sea de palo,
Para con él, arar el huerto de los pobres.

Un millón de fusiles de palo, para convertirlos
en lápices y acabar con el analfabetismo.

Un fusil de palo, que se convierta en cuchara.
Y así mover la sopa de la anciana moribunda.

Un fusil de palo que someta a la injusta justicia.
Que doblegue al opresor, al abusador y al ladrón.

Un fusil de palo en la mano de cada desvalido.
Que me ayuden a soñar, con un nuevo país.

Miami, FL. 20 de Febrero de 1995

61

## MI ISLA

Yo, pertenezco a una isla que vaga solitaria,
azotada en el verano por los ciclones del mar,
sus campos como piel rocosa, pierden su lozanía
flotando de tristeza, parece hundirse en el mar,

Soy hijo de esta isla que ya no desea cantar,
Soy el que clama por ti, soy el llanto y el dolor
Soy de esta isla que flota como siamesa al nadar
Soy esa voz solitaria, que le declama al amor

Soy de este paraíso que perdió su voz,
Soy de un paraje rural, de ese mapa montañoso
Soy el cacao, el café, el plátano o el arroz
Soy una arteria fluvial, o un camino rocoso,

Soy de aquel amor sin reglas, que vive en la soledad
Soy un niño ineducado que no puede ni soñar
Soy de esta lejana quimera que parece realidad,
Soy de esta isla que flota sin timonel en el mar

Unida a peces y gaviotas, va perdiendo su esplendor
Soy esa tierra violada, que no me quiere abrazar,
Extranjeros que se llevan la riqueza y el verdor
Frustraciones e injusticias, que no quieren terminar

Mi isla se hunde en olas de atrasos, que rompen mi corazón.
Soy un teniente sin tropas, que clama por la igualdad,
Soy de este bello arco iris, donde no hay felicidad
Una isla que espera ¡una fiesta de ron! o una revolución,

¡Tal vez! un coronel, que nos ame y venga de la ciudad.
Que acabe con el desorden y nos devuelva el valor,
Con el arado del pueblo, a sembrar la libertad
¿O Somos simples eunucos sirviéndole al opresor?,

Soy aquella nube lluviosa que lanza poemas,
poemas de amor y guerra escritos con sangre y dolor,
No lo publicarán, los que tergiversan la historia
Ni los ricos generales, que asesinan la verdad,

Ni los publicarán los sacristanes ni el clero,
Ni los periodistas, que desoyen mi clamor,
Ni el político, que no es más que un grosero
Ni los grandes capitales que ayudan al dictador

¡Tanto desafuero!, ¡Tantos héroes olvidados!
Tantos temores ¡Tantos niños sacrificados!,
¿Seremos cómplices?, ¿Somos una isla o un volcán?
¿Residimos en el mar Caribe o en una estrella?

¡Sí!, pueblo mío, yo como tú, quiero oír esa épica canción
Una que sea el eco sonoro del poeta en su oración,
Un himno que lance riqueza y destruya la ambición
Que nos de valor, un fusil, y una nueva constitución
Escrita por el pueblo unido y sin ninguna condición.

Junio 23, 1994 Santo Domingo

## Hipocresía

Los ojos que mis párpados anidan,
Se confundirán un día con la tierra,
O tal vez con un árbol de la sierra,
O con las flores que jamás se olvidan.

Ni el negro color de los que caminan,
Ni aquel sepulturero que me entierra,
Le temen a la muerte que me aterra,
Ni a los torpes políticos que intimidan.

Ni al goloso gusano que se aferra
a comer de las fibras que desbrida;
del cadáver que esta caja encierra.

O al niño que el gobierno liquida,
O esos que incineraron en la guerra,
O al héroe que muere y se olvida.


Orlando FL, Noviembre/20/2013

## La Diosa Irene

La Muerte cabalga  silenciosa y viene,
Sobre el tétrico silbido de una bala.
Al ver su cuerpo tirado así en la cala,
Su sangre sobre la sien no se detiene.

Cayó inerte el cuerpo de la diosa Irene,
Arropada toda con muy fina tela,
En el portal de la ciudad una vela
La soledad que en su corazón se cierne.

Cada uno de sus hijos la llamó patria.
Su pabellón se tiñó de azul y rojo,
Muchas estrellas adornaban su pecho.

De la fuerte tempestad su sangre tibia.
Llenó lagos y ríos con gran arrojo,
La añorada libertad murió en su lecho.

Miami, Fl., June 26/1999

Equivocado


He sido desde niño
Un viejo con fe de barro
Que luchó en su juventud
Como niño malcriado
Desoyendo el clamor
De mí querido pueblo.
Nunca hice nada especial
Para salvar una sociedad
Mortalmente herida,
Por la pobreza, la corrupción,
Y la falta de educación

Luché del lado equivocado,
Alejado del centro del dolor
Donde los niños mueren,
Donde la juventud se pierde.
Donde el abuelo aun desea
Que lo visiten los reyes magos.
Donde la mejor y más bella niña
Se graduará de prostituta
He nacido y he vivido en un barrio,
En un país y en un mundo equivocado

Madrid, 1986

## Traidores

Cuando en mis manos el fusil resuene,
desnuda la razón y muda el alma.
El pueblo acongojado ya sin calma;
propaga que la libertad ya viene.

Ese vil ciudadano solo tiene,
la guillotina que al traidor desarma.
Toca el sonido del fusil la alarma,
esta revolución no se detiene.

El traidor de mi patria es un nativo
que culpó del desastre al jornalero.
Pisando al pueblo se mantuvo altivo.

Este inmundo apátrida lisonjero.
No lo queremos en la patria vivo,
o se muere o se va al extranjero.

Santo Domingo, 8 de Junio del 1994

## Sed

Caminé sediento de verdadera fe,
Entre la vil realidad materialista
Y la utopía del origen espiritual,
Leí libros políticos, filosóficos,
Económicos, técnicos y sagrados,
Buscando una luz en la penumbra eterna.
En el profundo azul del cielo infinito,
En las llanuras, desiertos y montañas,
Estudiando profundamente a doctores,
Sabios, sacerdotes y literatos.
No encontré respuestas a mis preguntas
Al final solo aprendí, del campesino,
Del pobre, del olvidado y del enfermo.
Pasé mis imperfectas y viejas manos,
Sobre reyes, ídolos y líderes.
Bebí bajo la lluvia, las lágrimas
De mi sufrido pueblo y lloré, con él.
Sequé mi manipulada e ilusa alma
Bajo los incandescente rayos del sol,
Tratando de comer cada átomo de aire,
Y en cada partícula microscópica,
Encontré opresión, y al débil con dolor.
En la creación, escribí este poema.
Derramando tibieza a la congelada
superficie de mi propio espíritu.
Que buscando Justicia, no la encuentra.

Santo Domingo, Noviembre 7, 1995

# Campesino

Agrícola tostado por el sol,
Derramando semillas secas,
Grietas abiertas en sus entrañas.
En sus manos el arado y el azadón,
Surcos profundos y dolorosos,
Cavados con el hierro enmohecido.
La tierra negra, abonada
Con las tumbas de sus hijos.
Las rodillas hinchadas,
Los pies adoloridos
De caminar descalzo por el campo,
Cansado y sucio, el ocaso al frente
Regando de sudor todo el camino.
Hundido en el lodo y la miseria.
Amanece sin futuro,
Sin cosecha y sin comida.
El campesino de mi tierra.

Santo Domingo, 1981

## Cuando Señor

Fue mi costumbre buscarte señor;
siguiendo tus preceptos cada día.
Cansado te busqué y no entendía.
Porque aplicas a mi pueblo este dolor.

Es que no te das cuenta mi señor,
que mientras rezo por ti en la abadía.
En las celdas más de un preso se moría;
vestidos de torturas y de dolor.

Miles de gentes en la calle te pedía,
suplicando tu perdón y añorando tu calor.
Pero tú cansado en el reino ya dormías.

Oye los ruegos de este pueblo y su clamor.
Usa solo un día para borrar estas miserias,
cuando despiertes del cansancio mi señor.

Orlando Florida Marzo/20/2014

## Ecología

En una noche sin estrellas,
mi alma decidió vagar por
las miserias que asolan la faz tierra.
Viajó por continentes,
montañas, lagos y ríos.
Y descubrió, que la naturaleza es bella,
y que ese gran depredador que es el hombre
animal sediento de consumo,
destruye la naturaleza, para autodestruirse.
Y mi alma apenada y llorosa,
quiso ser algo especial;
Ser aire, agua o tierra
Y de repente huyó para no volver más,
Al darse cuenta que pertenecía a un ser arrogante,
consumista, mezquino y egoísta.

Barcelona, Noviembre, 12, 1987

## Que Hago Con Su Fusil

Explotó el aire a su alrededor.
Bajo un concierto de balas y cañonazos.
Esquirlas metálicas asesinan la gloria
Una puñalada a la patria y al amor
Sobre su piel el roció de la mañana.
El combatiente luchó con coraje,
Con el fusil Fal en sus manos,
Avalancha de lágrimas, riada de dolor.
Vi su pecho abierto por la herida.
con un suspiro se le fue la vida.
con un grito patriótico se apagó el dolor.
Nos dejó tan solo, nos dejó tan triste
Entre sus dedos se llevó la historia.
Y en su montaña de lucha y poemas.
Lloraban canarios, temblaba la tierra
Derramaba el cielo lágrimas de amor
En esa fosa enterraron la patria
En esa fosa enterraron mi honor
Le dieron por tumba una cordillera,
No hubo medalla, ni celebración.

Santo Domingo
14 de diciembre1994

## Quisiera

Quisiera verte señor,
porque queriendo creer.
Sabiendo que eres mi dios,
si no te veo no creo.

Dame una señal divina,
dime que soy de tu extirpe.
Que tú me quieres también.
¿Porque me olvidas en pleno?

¿Por qué no me das señal?
Señor no me martirices.
Porque llamándote siempre,
tú no me quieres hablar.

Santo Domingo, Octubre, 10 de 1979

Luis Euripides Arzeno Romero

## Merengue o bachata

Al salir el sol te fuiste,
y tú te fuiste con él.
Tu mi corazón heriste,
te fuiste al amanecer.
Desde que tú te marchaste,
tantos sueños, olvidados.
Si me Miras bien traidora,
veras que estoy acabado,

Eres una embustera,
juugaste con mis sentimientos.
Estoy llorando por ti
al dejarme tan solito...
Tú te burlaste de mí.
Que me hiciste traicionera.
Tú me Arrancaste la vida.
Tanto amor, tanta ternura,
no quiero volverte a ver.

Orlando FL, 2012

Quisqueya mi vida


Oh Quisqueya mi Quisqueya
Madre de todas las tierras
Costumbre esclava, no tienes
África al lado, Francia latina,
De América primogénita.
No te olvides de tus héroes
Virgen mil veces violada

Oh Quisqueya mi Quisqueya
Racismo innato en tus venas
Dolor de partos de siglos,
Sigues comiendo y durmiendo,
Sigue soñando orgullosa
Hoy se nota tu cansancio.

Oh Quisqueya fauna y flora
Tierra sembrada de espinas
Tupidas las praderas y los montes,
Llenos los ríos y los lagos,
Azul el cielo, Blanca paloma,
Rojo encendido,
No te olvides que eres libre
Que tienes una frontera,
No retornes a otros siglos
Oh Quisqueya mi Quisqueya
Oh centro de mi Caribe.


New York, Enero 12 1991

## El Espejo

Con Marco de plata y madera fina,
Inmóvil por años sobre la pared,

Testigo mudo de grandes historias

De guerras, amores y odios,

Señor que no miente, que te enseña el alma.

Que traduce en vivo, lo feo y lo bello,

Duplicando espacios que ves sin tocar,

Amigo que vela tus sueños de noche,

Que te vio llorar, sufrir, cantar y bailar

Ojos que no cierran, que vigilan siempre

Juez silente de grandes traiciones y amores

Que vio al novio y la novia jurar amor puro

Hoy me ves a mí postrado ante ti,

Esperando regreses mis viejos momentos,

No seas tan cruel, ese no soy yo

Miami, Florida, Octubre 28, 2004

## JUSTICIA

Mírala como camina orgullosa,
Con una copa en las manos
Llenas de lágrima rojas,
Llena de dolor y pena.

Mírala como camina orgullosa,
Con una venda en los ojos
Una balanza en las manos
Y una libreta de oro

Mírala como camina orgullosa,
Con una espada en la diestra
Defendiendo al opresor
Y castigando al oprimido.

Mírala como camina orgullosa,
En su palacio una dama
En la calle prostituta
Por ella sufre mi pueblo.

Mírala como camina, orgullosa,
Dictó sentencia de muerte
El convicto, un pobre diablo
Robo un pedazo de pan.

Mírala como camina, orgullosa,
Dictó sentencia absolutoria
El hombre libre fue un rico
Robó y mató a un hijo del pueblo.


Orlando, Fl., Julio, 24 2007

Luis Euripides Arzeno Romero

Capítulo III

Poemas Libres

## No. 1

Te vi coqueta con Mirada de gacela,
Besando la tibia sonrisa del ocaso
Perfumada como el polen de las flores;
Te vistes de nube y te bañas con el aire,
Tu iluminas los cristales de la soledad;
y en la belleza geográfica de la noche,
Como pájaro en busca de la sombra,
Apagas el fuego azul de tus entrañas,
Al besar los labios de la dulce madrugada,

Orlando, FL 2014

## No. 2

Bajo el rocío de la desnuda aurora,
me bañaré con tus inquietudes mujer.
Arropado con tus egocéntricos cabellos,
Me revolcaré en tu obligado insomnio.
Y en el despertar de la gris mañana.

Recogeré gemidos y sonrisas rotas.
Luego mis añejas penas depositaré,
en el cajón vacio de tu existencia.
Para tejer los humos del recuerdo,
en los espesos bucles de la noche.

Orlando, Florida 2014

## No. 3

Depositaré la filosofía de tu amor,

en la alcancía imaginaria de mi corazón.

Me beberé cada una de tus lágrimas.

Y en mis esquemas nocturnos

Lameré las escarchas de tu piel.

Borraré cada rastro de tu pasado.

Y brindaré con cada uno de tus éxtasis;

en la plataforma interminable de tu sexo.

Orlando, Florida Febrero/10/2013,

## No. 4

Ese cuerpo inestable y pesaroso.

Se debate entre brumas de inconsciencia.

Postergado por el tiempo ya vivido.

Indeciso del presente que se acaba.

Temeroso del futuro que no llega.

Hoy la vida es un conjunto de recuerdos;

del pasado que motivan su existencia.


New York, 1992

## No. 5

Ya llegará el rayo que entierre tus dolores.

Ya llegará el tiempo que deshaga tu llanto.

Cuando esa piel de azúcar parda este reseca;

al verte en el espejo de la vida tendrás espanto.

Y en la soledad maldecirás el segundero del reloj

Y llorarás cansada como cera derretida

Sobre el grito irreverente de tu propia soledad.

Orlando, Fl. 2014

## No. 6

Cadáver insepulto es el recuerdo.
Arrogante cauce que el pasado esparce.
Como rio desbordado del verano ardiente;
Inmisericorde ataca al alma y al cuerpo.

Es como un rosario en manos de un muerto.
Como oloroso abecedario esparcido al aire.
Que no deja huellas al llegar al suelo
Cuando las acciones nos traen los recuerdos

Orlando, Florida Diciembre/12/2013

## No. 7

Hay palabras que te asolan como tsunami divino.
Como esquirlas de cristales del alma vencida y rota,
Son madejas de dolores navegando en los fracasos.
Insípidas emociones que como grito del alma;
abren camino en el aire, siembran frutos en el olvido
Pintan sombras del pasado, en el final del camino.
Pero hay palabras de aliento, que nos mojan los oídos,
Como rizos de ilusiones que habitan en la memoria
palabras que se hilvanan como cadenas sonoras
como riada de besos, como avalancha de abrazos
Como infusiones heroicas que presagian libertad.

Orlando Florida, Mayo 22/2012

## No. 8

¡Tu voz como huracán, asola mis sentidos!
Retumban en mis oídos tus gritos y el desamor.
Enterraré en la penumbra tu agria silueta!
La enterraré con el silencio
y las hilachas de nuestro amor.
Así podre borrar pedazos de tus recuerdos
Y en la superficie transparente de la preñada tumba,
Como simple epitafio, colocaré dos flores secas.

Orlando Florida, 2013

## No. 9

¿Qué esperas mujer, morir lapidada
Por ese fuego que derrite tus desiertos?
Vivir eternamente enterrada en mis raíces.
Aletargada y llena de gemidos silenciosos.
Y con la ausencia de besos, un volcán de sudores
Que arrebatan a la noche las estrellas de zafiro,
¿Qué esperas mujer, derribar mi asfixiada sombra?
Esta añeja e ilusa sombra fría que te sigue
Sobre estepas soñadoras en climas extremos,
Arrebatándole a mi alma los temores que la afligen.
En noches como esta, condeno tu demencia de cristal.
Incendia mujer este mudo refugio que te ofrezco.
Activa este fogón de recuerdos irrealizados con leña.
Leña de caoba o cuaba encendida con preñada ilusión.
Para poder alcanzar contigo los amarillos rayos del sol
En este olvidado almanaque que se agota.

Orlando Florida, 2014

## No. 10

Ella bebe de las lágrimas del cocotero
Y se baña con los cristales del mar
Toca con sus manos el permeable horizonte
Montada en las caracolas de la mar
Bebe murmullos de piel y arena
Mientras danza sobre las altaneras olas
Lanza un grito de sirena desnuda y rabiosa
Rasgando los granos de arena y sal
Desgarra el lánguido aire, y las hinchadas nubes
Y se transporta al nido del alcatraz
Siente un cosquilleo en su piel de celofán
Pero ella aun desconoce lo que es un beso
Y no entiende si en el horizonte
el cielo se ha unido con el verde mar
Así danza sobre mi vientre la niña golosa
Con tantos deseos que sus pechos quieren llorar
Es real su mirar y ardientes sus deseos.
Dejaré que los rayos de la luna besen su sonrisa
Dejaré que mi rocío bañe la niña que lucha contra el mar
Dejaré que sus colinas y sus montes
Despierten con mi calor y mis caricias
Bajo las sombras del cocotal

Orlando Florida, 2014

## No. 11

¿Por qué lloras inútilmente tus errores?
Oloroso pueblo de dorada piel
Te apoyas en un bastón de guácima
Caminando en una campiña de grasa y humo.
Y llorando, sumiso y acabado te hincas;
como olores de verano al llegar el otoño.
Rindes tributo a ídolos de madera quemada,
cuyos esqueletos lanzan discursos de atrasos.
Ídolos de madera talada en campos de dolores.
Y le enseñas tus agrestes colores al cielo,
mientras las montañas de melenas rubias;
Juegan con tu arcoíris toda la mañana.

Orlando, Florida 2013

## No. 12

¿Qué puedo hacer cuando no estás conmigo?
Tratar de abrir mis ojos y nadar contra la marea,
Nadar en un mar azul verdoso, lleno de musgos y algas.
No quiero zarpar en la irresistible nave de Morfeo.
Y llegar al anochecer con el estómago encendido.
Con jugos gástricos en constante verbena;
que reclaman mi presencia ante los objetos perecederos.
Mis callosas manos acarician tu iluminada piel.
Con la rigidez del plástico se visita la historia, la poesía
y navego por mares distantes, reales pero distantes,
distantes pero inciertos, inciertos pero reales.
Donde las conversaciones son vacías, e inexpresivas.
Donde aparecen figuras que pisotean el aire..
Ahí donde la melancolía huele a ancianidad
En esta soledad donde se pierde la vergüenza.
Dulce y melancólico egoísmo que explora el universo.
Solitaria e hipersensible compañía de tristeza,
ventana de extraños ojos que someten mi conciencia,
en este extraño e irreal mundo de mi computadora.

Orlando, Florida 2014

## No. 13

Con mis manos sobre el diapasón;

de la guitarra de tu cuerpo.

Saco música de tus cuerdas,

y asido a tu metálica soledad.

Con tus compasados movimientos;

libo de tus ardientes besos,

las notas musicales que me animan

a crear la sinfonía del amor.

Orlando, FL 16 Marzo 2014

## No. 14

Cuando entenderás que entre tú y yo;
hay decenas de tumbas frías que nos separan.
Enigmáticos recuerdos que asesinó el amor.
Nos separan también el espacio y el tiempo
y la ortodoxa dirección de tu libidinosa voz.

Y en el tortuoso camino de tus noches;
emanaron olorosos efluvios de mirra e incienso.
Y solo los esquizofrénicos arrebatos de mis besos,
enervaron las fibras nerviosas de tu teñida piel,
acentuando el insoslayable tono de tu mirada,

Tu recuerdo  es como beso con sabor a perdón.
Como zafra de caña dulce provocada por el fuego.
O como esquirlas metálicas de tu doloroso cariño,
que prendidas en mi alma, duermen a escondidas
en el oxidado cofre de tu insensible corazón.

Y me arreas como un buey de carga en el olvido.
Como molienda apresurada por el desabastecimiento.
Como bagazo de caña que se pierde en el camino.
Como relámpago del insaciable calor de tus caprichos.
eructadas por el enorme cráter de tu oloroso esplendor.

Orlando FL, 2014

## Libre #15

Sin hincarme a lamer tú sangre
creí en tu petrificado y místico dolor,
Porque creo en ti pregono, que eres del amor la esencia.
En mi limitado sistema nervioso capto rasgos de humanidad,
y en los elásticos y fibrosos bordes de tus heridas,
Eructan de tu santificada piel, versículos de amor y fe.
En tu imagen de madera mojada hay fibras eróticas,
que escriben el epilogo desmembrado de tu historia,
En esta perfecta sinapsis generacional que me motiva.
Sigo los pasos literarios de tus cuajados versos.
Leo tu libro y creo en la figura que expira en esa cruz.
Con rayos de lucidez que espantan mi locura racionalizada.

Orlando, FL 2013

## Libre #16

Nuestro amor duerme;
sobre flácidos pezones .
Sobre labios agotados.
Sobre enjambre de deseos;
que se adosan a tu piel.
Sobre bosque de tiesos besos;
castigado por deseos moribundos.
Erecciones que se aferran a ti.
Nuestro amor solo duerme;
en mis retazos de lucidez.

Orlando, FL Abril 2014

## Libre #17

Soy un cofre vacio;
con la puerta abierta.
Tú, eres un cofre lleno
totalmente cerrado.
Yo, soy un fantasma
Asesinado por tu amor;
Que aun sangra besos.

Orlando, FL Abril 2014

## Libre #18

Los días como burbujas del tiempo,

preñaron con vejez mí almanaque.

Los candentes filamentos del sol;

ahuyentan del lirio los pétalos.

Mi platería ya no reluce más;

está sucia de noches de lujuria,

de carnavales y dolorosas penas.

Se esfumó aquel camino trazado,

olvidando las siluetas del amor.

Bebí olor de indecisión añeja.

Traté de asir los rayos de mi vida.

Y llegaste, como pulmón enfermo

Orlando FL, 2014

## Libre # 19

Olvida la desnudez de la noche,
y alivia mi dolor, arría las velas;
de este barco a la deriva
y enciende el motor.

Aligera esta carga, con una sonrisa.
Y busca nuevos bríos, en el viejo baúl;
donde olvidaste el amor.

En esta madrugada de oscuridad pintada.
Sellemos un pacto con hambre de alegría.
Haremos un pacto con el reloj.

¡ Y si alguno se duerme!
·Y si no nos despiertan·
Esperaré otra vida, para encontrar el amor.

Orlando FL, 2014

## Libre #20

Olorosos matices de olvidados fantasmas.

Calcinados recuerdos que danzan con los rayos del sol.

Que en el ocaso de mis nocturnos desvelos están conmigo;

y me hacen recordar que sin querer yo te quería.

Así como mi memoria se distribuye sin permiso en tu cerebro.

Se distribuye lentamente en mi cuerpo el infinito de tu amor.

Y en el espacio que ocupaban tus tristes azucenas,

hoy amancebados y gozosos juegan;

Olvidando el dolor.

Tú rosa y mi saguaro.

Orlando Fl. 2013

## Libre # 21

Soledad maldita que destruye mi existencia,

recuerdos que se agolpan en mi mente,

pintoresco panorama del que sufre,

sabor amargo de la vida,

vacio inmenso que tortura.

Esta energía fecunda se transforma,

en microscópicas partículas de impotencia.

Y de la nada tú, sonora como el arpa,

bella y consciente de tus fuerzas,

transformaste con tu cuerpo y movimiento alterno,

mi amargura en alegría.


Barcelona, España, Diciembre, 12, 1989

# Libre # 22

Tu eres en el oloroso silencio de mi vida,
el árbol que da fruto en este impoluto amor.
Yo, el pensamiento melancólico y triste,
que deriva en una nube de algodón.

Tú, eres la piel arenosa del desierto,
indigestada por los ardientes filamentos del sol.
Yo, la flor seca que duerme pacientemente
entre las hojas del libro del amor

Orlando, FL 2013

## Libre # 23

Al amanecer, el día roba las estrellas de la noche.

Estremeciendo el azul del cielo en la mañana.

Las nubes como algodones preñados, lloran al alba

empapando mi vergel y oigo del cielo los quejidos.

Hoy las penas lloran lagrimas de fertilidad.

Y te alimentas con pedazos de mi sangre.

Orlando FL, 2013

.

Capitulo No. 4

Poemas a la familia

## MI ESTRELLA

En lo profundo del firmamento inmenso,
con la canción del reloj dejó la vida.
Se alejó de este mundo sin darme un beso,
hoy se apagó mi estrella la preferida.

Con humildad y dolor se fue apagando,
dejando en mi vida una profunda herida.
Se durmió para siempre como jugando,
así se apago mi estrella la más querida.

Un rayo divino cegó su vista,
en el día del amor durmió profundo.
No estuve a su lado al llegar su cita;
pensando en su amada dejó este mundo.

Hoy se apago mi estrella se fue muy lejos,
tan lejos que el calor del sol se helaría.
Me dejó sus versos y sus consejos
y fue su patria la cosa que más quería.

Hoy su recuerdo tibio alivia mi alma;
al besar su frente fría como el invierno.
Esta dura tempestad trajo la calma
en sus ojos azules cariño eterno.

El nunca tuvo miedo fue un gran guerrero.
Yo rogaré por su alma al Dios eterno.
Derramaré una lágrima cada febrero;
respiraré sus restos en el invierno.

Hoy se apagó mi estrella estoy de duelo.
Borrada con un pincel del firmamento.
Yo sé que existe Dios y también un cielo.
papá te veré de nuevo en algún momento.


Orlando, Fl. Feb./18/2008
Por la dolorosa partida de mí querido padre
el Dr. Luis Manuel Oscar Arzeno Regalado †

Oh Madre mía,

Carmen Lupe con el calor de tu mágica bóveda
Acariciabas el producto con palabras musicales
Respirabas rayos de mi aliento a través de tu sangre
Mientras el azul del cielo era el suspiro de la tarde
En tus oraciones pintabas luz eterna en mis sentidos
Nueve meses de mágica oscuridad, ¡perenne noche!

Gélida nocturnidad de una bella etapa de creación
Única y singular caricia que ha brindado el amor
Amada madre, con mi padre orgullosamente reías
Dando ternura y besos, sin importarte el dolor
Alumbraste bajo la luz de corazones despiertos
Lupe amor de primavera y lirios regados por el amor
Ungüento especial de momentos divinos
Prendidos en las arterias de tu bello corazón
Estás diariamente en mí, porque eres la madre del amor.

Rosa mimada del jardín más bello
Oro y esmeralda que produce el alma
Maravilla inmensa de la creación
Eres en mi vida, la verdad y la calma
Respira tranquila oh madre querida
Ocho son tus hijos y todos te aman.

Gracias mi señor por darme a mi madre
Amorosa madre que todo entregó
Recibe el cariño de todos tus hijos
Carmen Lupe bella esta es mi oración
Imagen perfecta de la mejor madre
Aroma divino de mi corazón.

Miami FL 2009

## Luimy

Hoy dos de diciembre,
recuerdo a tu madre sollozar;
bajo el efecto del dolor
que produjo tu llegada.

Yo estudiaba periodoncia.
Preparando un futuro mejor,
para ti y tus futuros hermanos.
Tu madre gemía de dolor.

Llegó el momento más esperado.
Se dilataban las entrañas de tu madre.
Luchabas por salir y respirar.
Tu madre lloraba intensamente de dolor.

El médico daba instrucciones.
Las enfermeras se preparaban.
Las abuelas nerviosas esperaban.
Tu madre gritaba intensamente de dolor.

Saliste rugiendo a esta vida,
la cara de dolor de tu madre
Se convirtió en cara de alegría.
Tu madre reía y se sentía orgullosa.

Llamen al papa, es un varón,
díganle que nació Luimy
que es muy bello y grande.
La madre lo beso y lo cargó.

Saliendo del examen ese día,
tomé mi carro y fui al Marión.
Llegué a la sala de los recién nacidos,
ese es mi hijo, dije orgulloso.

En este 29 natalicio, te escribimos
tu madre, tus hermanos y yo,
Sabiendo que tú y María esperan a su hijo,
con el mismo orgullo, que tu madre y yo
te esperamos a ti. Felicidades hijo.

Miami, Fl., Diciembre/2/2004

## Alan Alexander Arzeno Chía

Hoy ha dado a luz la madre más bella.
Nació alambrito el niño más fino,
tenerlo conmigo es lo más divino.
Al nacer mi hijo se formó una estrella.

Llegó del cielo como una centella,
Alan Arzeno ese es tu destino.
Entre los machos el más masculino.
En mi corazón dejaste una huella.

Tú y tu hermano llenaron mi vida.
Tan inteligente, que niño más lindo,
tan puro y divino, tan bello y tan bueno.

Llorando en mis brazos das cabida;
a la sensación más bella del mundo,
al ver a tu mamá mimarte en su seno

Santo Domingo Julio 6 de 1995

## Karol Michelle Arzeno Chía

El mes de Febrero llegó llorando
Hoy recibí esa flor de mil colores
Su madre se olvidó de los dolores
Al llegar esa flor, la estoy amando

Al abrazar mi flor yo estoy rogando
Que el supremo le inculque los valores
Que la vida depara a los mejores
Adela y yo, la estamos venerando

Nació Karol Michelle la más hermosa
Tan rubia y tan blanca como el verano
Cruzó el espacio se convirtió en diosa

La besé en la frente y tomé su mano
Luimy y Alan dicen que es preciosa
Al recibirla todos en este invierno

Febrero 20 de 1995

## Alexander Arzeno Hernández

Alex, llegaste a este mundo como la luz en la noche inmensa,
Inhalando el oxigeno prodigioso que te dio la vida
Tu madre dándote calor y mimos, con dolor y tensa,
Tu padre saltaba de orgullo en tu bienvenida.

Las abuelas y los tíos rogaban a Dios, porque te querían
La tía dejaba caer una lágrima de amor en ese febrero
Los abuelos desde lejos y con un gran cariño solo reirían
Te llamaron Alex, de apellido Arzeno, un nuevo guerrero.

Cuanto amor siente en el pecho tu "Abuelo" al darte un abrazo
Y sé que tu "Pipo" materno en el paraíso, eso mismo siente
Las dos abuelas dibujan todas tus hazañas en el cielo raso
Pidiendo a Dios que siempre te cuide la estrella de oriente.

Eres nuestro orgullo,
Eres nuestro niño,
Cuánto te queremos.

Miami, Fl., Octubre 27, 2004

## Jayden Lay Arzeno De León

El abuelo "Papo" está de fiesta,
hoy cumple años Jayden Lay Arzeno de León
La abuela "Papela" también está de fiesta.
Sé que la felicidad existe por ti Jaiden Lay
Con tus ojos tan azules como el cielo
Tu sonrisa tan amplia como el universo

Me alegra el alma cuando me secreteas
Cuando con amor preguntas por tus padres
Cuando le das un beso a tu abuela Adela
Cuando preguntas por tu abuela Reina
O por tu abuelo materno Adalberto.

Me alegras el alma cuando preguntas... ¿Y por qué?
Al regalarme con ternura una suave caricia.
Eres el rayo que rasgó una noche de tormenta
En mis duros momentos, el punto de felicidad
En la llanura inmensa una de mis dos montañas

Me alegra el alma cuando buscamos las cartas
O cuando jugamos una partida de golf
O cuando me convierto en tu caballito
Cuando preguntas si mamá María
está haciendo "una cosita"
Cuando cantas la canción de "Bet on it"
Y con tu imaginación juegas con "Tintín"

Hoy abuelo "Papo" está de fiesta
Cumple años Jayden Lay Arzeno de León
Eres la luz resplandeciente en la oscuridad
El sol que iluminas el otoño de tus abuelos
Y la fuerza que motiva la superación de tus padres
Eres Jayden Lay Arzeno de León un súper ranger

Orlando, 03/10/2008

## Orión Alan Sillito Arzeno

Orión, en mi alma tu llegada se dibuja,
como rayo que presagia tu alborada.
En los labios de tu madre una sonrisa,
mientras Dano con orgullo se engalana.

Y en los parpados de las tías una lágrima.
Una lágrima de amor ese septiembre.
Los abuelos con orgullo van cantando;
entre cúmulos y cirrios en el cielo.

Las abuelas con amor van celebrando,
como rumor de aire del Olimpo.
Con música de violines te esperamos;
como astro que nos llega desde el cielo.

Enero, 23-2014   Orlando, Fl.

## Tristán Style Arzeno DeLeon

Tristán Style, inteligencia y dulzura,
rizos de oro en tu bella cabellera.
Caminas con María sin premura,
abrazando a Luimy con ternura.

Eres un rey en la casa de Papela.
Tú perfumas la vejez de abuelo Papo.
Viajas en tus soñolientos vuelos,
al dormir en los brazos de Adalberto.

Eres el topacio de la abuela Adela.
Un rubí en los brazos de Reyna
Y el ardiente sol de mamá María.

Diciembre/14/2013 Orlando, FL

## Tripp Joseph Sillito Arzeno

Tripp Joseph Sillito Arzeno,
mi gigantesco y bello nieto.
Juguetón, cariñoso y ameno,
siempre se mantiene quieto.

Abraza a la abuela Adela.
Juega con el abuelo Luisito.
Saltando por toda la acera,
juega con el abuelo Sillito.

Tú eres un mundo de amor.
Eres de tu madre la ilusión.
De las tías el frio y el calor.
Diría el niño más juguetón.

Orlando, FL 2013

## Se Convirtió En Un Verso

Caminó suave y finamente sobre la mar inmensa
Oró por sus hijas y nietos al terminar el día
Nunca más volvió a latir su corazón de diosa
Su luz resplandeciente suavemente ilumino la noche
Unió su recuerdo al aire y se transformo en poesía
En su corazón claveles sembrados con el tiempo
Lanzados al firmamento por su contagiosa risa
Obedeció a su dios, y se fue a su encuentro

Reposan sus restos en silencio en el cementerio
Observando a sus joyas queridas desde el paraíso
Dormida y soñando vemos la madre querida
Rogando por todos nosotros se nos fue muy lejos
Imagino que por sus bondades estará en el cielo
Gozo de todas las cosas buenas que su dios dispuso
Una dedicada y cariñosa madre no aparece siempre
Elevose suavemente a través de la tormenta
Zozobró al final expiró y durmió por siempre

La recordare y la querré por que fue muy buena

Izare la bandera impecable de su amor de madre

Nunca pensé que el destino se la llevaría ahora

Al pasar el tiempo su memoria vaga en mi pensamiento

Recorriendo los mismos caminos que amo en su vida

Espero que dios permita que su alma viva por siempre

Soñare y orare por ella, mientras me quede vida

Orlando, Fl. 2006·03·25

## Evelyn Altagracia Chía Rodríguez

Evelyn Chía, bello el día en que apareciste.
La virgen de la Altagracia la más hermosa.
Le entrego a Santiago la más bella diosa;
el pueblo aclamó cuando tú naciste.

Todas envidian lo que recibiste.
Con esa risa carismática y contagiosa
y esa boca suave, dulce y armoniosa,
acompañada de los ángeles creciste.

Solo te comparas con la galaxia más bella.
Solo con una rosa, la dalia o la violeta.
Solo con la brisa y con la bella primavera.

Solo con el arcoíris o una linda estrella.
Solo con esa lozanía y tu esbelta silueta,
con la costa de levante y su magna Riviera.

Orlando, FL Noviembre/04/2013

# Capitulo No. 5

# Definiciones

**La Semántica Lingüística:** es un subcampo de la **semántica general** y de la **lingüística** que estudia la codificación del significado dentro de las expresiones lingüísticas. Etimológicamente el término viene del griego *semantikos*, que quería decir 'significado relevante', derivada de *sema*, lo que significaba 'signo'.

**Lengua:** es un sistema convencional para la **comunicación verbal**, es decir, un sistema para transmitir **mensajes** convencionalmente codificados, que transmitan información o permitan interaccionar con otros individuos.

**La Poesía:** es un estilo literario, es una forma de auto-expresión que se basa en el uso de la palabra como manifestación artística, donde prima lo estético del lenguaje sobre el contenido del verso o prosa. Algunos tipos de poesía son más populares que otros. Entre ellas se encuentran el soneto, el villanelle, la balada, el verso libre etc.

**Tragedia:** aquí se engloban aquellas poesías de carácter solemne, culminadas con un final trágico (de ahí su nombre). Los personajes que la componen suelen estar enfrentados contra el destino, quien por una serie de infortunios, los encamina hacia un desenlace irremediable, como la muerte de los protagonistas, o su destrucción moral.

**Comedia:** son composiciones poéticas constituidas por un argumento más ligero que las anteriores. La obra comienza con la intervención del coro. La acción es llevada a cabo por un héroe cómico, quien termina la obra derrotando a sus adversarios, y logrando su propósito inicial.

**Sainete:** este tipo de poesía dramática, se caracteriza por su estilo humorístico, cómico y jocoso. Se nutre de las costumbres populares y las tradiciones para elaborar su temática.

**Poesía Lírica:**

**Canción:** la canción es una composición en verso, escrita con el propósito de ser cantada. La cantidad de estrofas que la componen suele variar, y en ellas se esgrime un único tema o pensamiento. Posee un estilo melancólico en sus formas y culmina con un epílogo.

**Madrigal:** esta clase de poesía lírica es aquella que expresa temáticas amorosas, por medio de versos endecasílabos y heptasílabos, es decir, de diez y siete sílabas respectivamente. Suelen ser composiciones de breve extensión.

**Oda:** con este término de origen latino se designa a aquellas poesías cuyo propósito es efectuar una alabanza sobre algún aspecto determinado de personas u objetos. La oda trata temáticas de variada índole, y suele ir acompañada de una reflexión del autor. Usualmente se dividen en estrofas iguales.

**Sátira:** la sátira es un género redactado en verso cuya particularidad reside en el tono burlesco o de protesta con el que está escrito.

**Poesía Épica:** son aquellas poesías donde se narran las proezas y hazañas de un héroe, tomando sus cualidades como ideales para la sociedad. Su propósito, entonces, es la engrandecer y aclamar los sentimientos de unidad en una región o nación.

**Poesía Bucólica:** se caracteriza por ser un canto a la tranquilidad y belleza del campo, proponiendo la vida rural, como la forma ideal de vida. Los primeros ejemplos de poesía bucólica provienen del poeta Teócrito, durante el siglo III AC

**El soneto:** una de las más difíciles formas clásicas, se compone de catorce versos, generalmente endecasílabos (once sílabas), divididos en dos **cuartetos** y dos **tercetos** (estrofas de cuatro y de tres versos), con distintas formas de alternar las rimas.

**Hay Dos Tipos De Sonetos:** el italiano o petrarquista y el inglés o Shakesperiano.

**El soneto italiano:** consta de una octava, ocho líneas con el esquema de la rima **"abbaabba"**, y un sexteto, seis líneas con el esquema de la rima **"cdcdcd."** Esto significa que las palabras al final de la primera línea (a) y la cuarta línea riman, las palabras al final de la segunda y tercera líneas riman entre sí, pero no con la primera y la cuarta, y así sucesivamente.

**El soneto Inglés o Shakesperiano:** está compuesto por tres cuartetos, o estrofas de 4 líneas, con el esquema de la rima

"abab", y una copla, que es simplemente dos líneas que terminan en palabras que riman. El Soneto XVIII de Shakespeare, que comienza así: "Shall I compare thee to a summer's day?" es uno de los ejemplos más conocidos del soneto Inglés o Shakespearano. El Soneto XLIII de Edna St. Vincent Millay, que comienza así: "What lips my lips have kissed, and where, and why,", es un ejemplo bien conocido del soneto italiano o petrarquista.

**Un villanelle:** es un poema de seis estrofas o versos. Estos son en forma de cinco tercetos, o versos de 3 líneas y un cuarteto. El esquema de la rima es **"aba aba aba aba abaa."** Cada línea tiene cinco acentos. La métrica suele ser yámbica, es decir, que se divide en unidades de 2 sílabas, o de pies, con el acento en la segunda sílaba.

**La poesía de verso libre:** es poesía sin rima o estructura tradicional. Cada línea no tiene el mismo número de sílabas, como en las formas de soneto. Cada línea o líneas intermedias no terminan con palabras que riman. Esta forma menos restrictiva se basa más en recursos literarios, como imágenes y metáfora, comparando una cosa con otra, para su efecto. Estos dispositivos se utilizan en formas más formales también, pero

son útiles para anclar un poema de verso libre que no tiene las limitaciones de ayuda del verso formal. El verso libre también se llama "forma libre" o "forma abierta". No es lo mismo que "verso vacío", está compuesto en pentámetro yámbico, aunque las líneas no riman.

**Soneto alejandrino:** es una versión del soneto tradicional en la que los versos tienen catorce sílabas (tetra decasílabos).

**Posee la misma estructura del soneto, pero está formado por versos de 14 sílabas métricas.** La estructura métrica del soneto alejandrino es, por tanto: **(abba abba cdc dcd)** o **(abab abab cdc dcd)** (pero los tercetos pueden rimar de cualquier forma siempre que no quede ningún verso suelto o verso sin rimas).

Los versos de 14 silabas son tetra decasílabos. *Algunos* versos de 14 se llaman *alejandrinos* en función de la distribución de acentos, **pero está muy extendido llamar** *alejandrinos* **a todos los tetra decasílabos.**

Los versos de 11 silabas son **Endecasílabos:** *Este* es un **verso** de once **sílabas** de origen **italiano** que se adoptó en la lírica española durante el primer tercio del **siglo XVI,** durante el **Renacimiento.** El verso endecasílabo posee un **ritmo** articulado en torno a tres acentos; de ellos, dos al menos son obligatorios, en la sexta y décima sílaba (*endecasílabo propio*), aunque también son correctos los endecasílabos con acentos en cuarta, octava y décima sílaba (*endecasílabos sáficos*).

**Octava real:** estrofa de origen italiano que se estableció en la métrica española durante el inicio del Renacimiento, al ser introducida por Garcilaso de la Vega y Juan Boscán. Consiste en **ocho versos endecasílabos** con **tres rimas consonantes** cuyos seis primeros riman alternadamente con las dos primeras; los dos últimos constituyen un **pareado final** de rima distinta: "ab ab ab cc".

MÉTRICA: El arte de combinar rítmicamente las palabras. La versificación tiene en cuenta la extensión de los **versos**, la **acentuación** interna y la organización en **estrofas**.

LA RIMA: coincidencia de las sílabas finales en versos subsiguientes o alternados, es parte del **ritmo**,

RIMA ASONANTE: cuando sólo coinciden las **vocales** en el interior del verso.

| | |
|---|---|
| Titulo (Autor) | Pg. i |
| Copyright | Pg. ii |
| Dedicatoria | Pg. iii |
| Introducción | Pg. iv |
| Prologo | Pg. v, vi |
| Capítulo I | Pg. 1 |
| Tú | Pg. 2 |
| Esclavo | Pg. 3 |
| Costumbre | Pg. 4 |
| Mi Diosa | Pg. 5 |
| Mi Vergel | Pg. 6 |
| Temores | Pg. 7 |
| Adiós Primer Amor | Pg. 8 |
| Humedad Musical | Pg. 9 |
| Mi Pena | Pg. 10 |
| Lamento | Pg. 11 |
| Se Alejó | Pg. 12 |
| Si Te Encontrara | Pg. 13 |
| Pétalos Deshojados | Pg. 14 |
| Mi Intimidad | Pg. 15 |
| Tanto Amor | Pg. 16 |
| Atraves de sus ojos | Pg. 17 |
| Loca Pasión | Pg. 18 |
| Volverás a Amar | Pg. 19 |
| Sentirte | Pg. 20 |
| Mis Poetas | Pg. 21,22, & 23 |
| Partida | Pg. 24 |
| ¿Quién eres tú? | Pg. 25 |
| Quizás | Pg. 26 |
| Se fue | Pg. 27 |
| Mi Riachuelo | Pg. 28 |
| Adiós Amor | Pg. 29 |
| Poesía | Pg. 30 |
| Cuando Regreses | Pg. 31 |
| Monosílabo | Pg. 32 |
| Bisilabo | Pg. 33 |
| Trisílabo | Pg. 34 |
| Recuerdo | Pg. 35 |
| Recuerdo Musical | Pg. 36 |
| Pintarla | Pg. 37 |

| | |
|---|---|
| Te Burlaste | Pg. 38 |
| Lekin | Pg. 39 |
| Una Respuesta | Pg. 40 |
| Vuelo | Pg. 41 |
| Morada | Pg. 42 |
| Campesina | Pg. 43 |
| Verso Libre | Pg. 44 |
| Prisión | Pg. 45 |
| El Muerto | Pg. 46 |
| Perdóname | Pg. 47 |
| Tristeza | Pg. 48 |
| Moviendo la Cola | Pg. 49 |
| Traición | Pg. 50, 51 |
| Pena | Pg. 52 |
| Vicio | Pg. 53 |
| Tú | Pg. 54 |
| Luna Enamorada | Pg. 55 |
| Frígida | Pg.,56 |
| Capítulo II | Pg. 57 |
| Poder Latino | Pg. 58 |
| Me Burlo | Pg. 59 |
| Lucha | Pg. 60 |
| Fusil de Palo | Pg. 61 |
| Mi Isla | Pg. 62 & 63 |
| Hipocresía | Pg. 64 |
| La Diosa Irene | Pg. 65 |
| Equivocado | Pg. 66 |
| Traidores | Pg. 67 |
| Sed | Pg. 68 |
| Campesino | Pg. 69 |
| Cuando Señor | Pg. 70 |
| Ecología | Pg. 71 |
| Que Hago Con Su Fusil | Pg. 72 |
| Quisiera | Pg. 73 |
| Merengue o Bachata | Pg. 74 |
| Quisqueya mi Vida | Pg. 75 |
| El Espejo | Pag.76 |
| Justicia | Pg. 77 |
| Capítulo III | Pg. 79 |
| Libre 1 | Pg. 80 |
| Libre 2 | Pg. 81 |
| Libre 3 | Pg. 82 |
| Libre 4 | Pg. 83 |
| Libre 5 | Pg. 84 |
| Libre 6 | Pg. 85 |
| Libre 7 | Pg. 86 |

| | |
|---|---|
| Libre 8 | Pg. 87 |
| Libre 9 | Pg. 88 |
| Libre 10 | Pg. 89 |
| Libre 11 | Pg. 90 |
| Libre 12 | Pg. 91 |
| Libre 13 | Pg. 92 |
| Libre 14 | Pg. 93 |
| Libre 15 | Pg. 94 |
| Libre 16 | Pg. 95 |
| Libre 17 | Pg. 96 |
| Libre 18 | Pg. 97 |
| Libre 19 | Pg. 98 |
| Libre 20 | Pg. 99 |
| Libre 21 | Pg.100 |
| Libre 22 | Pg.101 |
| Libre 23 | Pg.102 |
| Capítulo IV | Pg.103 |
| Mi Estrella | Pg 104, &105 |
| ¡Oh Madre Mía! | Pg. 106 &107 |
| Luis Ernesto (Luimy) Arzeno Chía | Pg. 108 & 109 |
| Alan Alexander Arzeno Chía | Pg. 110 |
| Karol Michelle Arzeno Chía | Pg. 111 |
| Alexander Reales Arzeno Hernández | Pg. 112 |
| Jayden Lay Arzeno DeLeon | Pg. 113, 114 |
| Orion Alan Sillito Arzeno | Pg. 115 |
| Tristán Style Arzeno DeLeon | Pg. 116 |
| Tripp Joseph Sillito Arzeno | Pg. 117 |
| Se Convirtió en Verso | Pg.118 & 119 |
| Evelyn Chía | Pg. 120 |
| Capítulo V | Pg. 121 |
| Definiciones | Pg 122 to 126 |
| Índice | Pg. 127 to 128 |
| Otros Agradecimientos | Pg. 129, 1130 |

Deseo profundamente dar las gracias a todos los amigos y familiares que colaboraron por medio de su amistad o por ser parte de mis recuerdos por lo que de alguna forma son participe directos o indirectos del contenido de este libro.

A mis Queridos hermanos Manuel Oscar, Lourdes Virginia, Clivety Janet, Luis Alberto, Carmen Guadalupe, Luis Arturo y Karina Milagrosa Arzeno Romero. Ellos son parte íntima de mí historia, de mi vida y de mi ser.

También a mis queridísimas Ahijadas; Ana Cristina Tavarez Núñez, Jacqueline Matias y Leslie Almanzar López.

A mis queridas cuñados y hermanas, Jacqueline Amparo Rodriguez, Dra. Evelyn Altagracia Chía Rodriguez de Hernández, Dr. Jose Alberto Hernández, Helen y Jose Alberto Hernández Chía, Ray Taylor, Farile Cabrera, Dr. Manuel Alejo Rodriguez, Kendry Alejo.

De igual manera a mis amigos; Marcelo Antonio García Pimentel, José Alejandro y Alberto Tabar Ruiz, Dr. Romualdo Fermín Curiel, Dr. Mario Bournigal Mena, Jaime Alfonso, Jesús. Ana Angélica y Jose Moreno Portalatín, Lic. Fernando Almanzar, Lucy López de Almanzar, Dr. Jose Alberto Tavarez, Dr. Luis Tavarez, Dra. Miguelina Núñez, Arq. Kitty Núñez,

Dr. Rafael Fiallo López, Dr. Rafael Báez Tolentino, Dr. Ángel Marino Aguasvivas Duverges, Lic. Nancy González de Aguasvivas, Dr. Luis M. Campillo Franceschini, y Rosa Almanzar de Campillo, Jose Noesí Núñez, Riquelmi Díaz de Noesí, Jose Lara, Ruth de Lara, Bladímir Peña Hernández, Rafael Negrete, Ana Hernández de Negrete, Juan Reyson y

Griselda Díaz Fernández, Danilito, Tabaré, Mercedes y Hugo Rafael González Borrell,

Dra. Beatriz Miguel Aldereguía, Manuel Arturo y Maura López, Dra. Gisela Maldonado, Ramón y Yokabelth Gil, Esperanza Molina, Eugenio y Alberto Santana Núñez, Peter Landestoy, Lic. Victor, Gretchen, Raúl, Nelson y Máximo Caminero Franceschini, Dra. Ivelises Sánchez García, Ángel Luis Caamaño Deño, Pedro Tomas Garrido Alix, Jorge Guarionex Lluberes Arzeno, Cristina Mejía Arzeno, Cruz María Arzeno Jerez, Rafael, Yuyi y Cesar Báez Sánchez, Noris Bernalina y Delta Adelina Eusebio Pol, Ameriquito Melo, Ing. Luigi y Joaquín Cocco Miranda, Francesco y María Pía Montelli Miranda,

Ing. Manolo Guzmán, Lic. Isabel Mercedes de Guzmán, Dr. William Álvarez Cabreja, Jesús María, Inés, Gil, Roberto y Ángela Fernández Foundeur, Efraín, Ana Angélica (Lekin), y Máximo Guerra Carbucia, Dr. Pedro De León, Dra. Irma de De León, Miriam Martínez, Antonio Fernández Mena, Mercedes Contreras de Valdez, Vilma Contreras, Magalys Cannady, Jaure e Isabel Naranjo, Bienvenido Pérez del Orbe,

Juan y Sandra Reynoso, Enrique y Ana Saviñon, Sr. Mario Pérez y Dña. Daisy de Pérez, Sr. Mario Genao, Francisco Cabrera, Jimmy Cabrera, Jose Caputo, Belkys Núñez, Martha Núñez, Carmen Aracelis Núñez, Griselda Núñez, Juan Antonio y Nancy Campusano López, Melanie Duverge, Priscila Duverge, Pura Terc, Roberto Duverge. Damares, Juan Bautista, Clemente y Lelén Toribio Domínguez , Carlos Ortiz Quiles, Mayra Reyes Sapeg, Nazareth Mejía, Virginia Peña, Dr. Homero Luciano, Dr. Vicente Rodriguez, Lic. Wagner Jiménez, Adalberto y Reina DeLeon, Gary y Teresa Sillito,. Miroslavia (BABI) Rodriguez Alfredo Rodriguez (Chino), Dra. Alice Agasan, Dr. Ausberto Hidalgo, Dr. Nelson Vicioso.

Una mención especial a los miembros de la tertulia poética de Orlando, FL. Francisco Henriquez, Karen Perdomo, Juan López, Oscar y Margoth Delamota, Erika Maya, Julián Padilla, Clemente Gámez Noriega, Mundy Sánchez, Elvia Benavente Álvarez, Argel Durán, Narciso Antonio Vargas, Jose Ladislao López, Isabel Cordero, Alberto Román, Jorge Ramos, Eugenio Santana, Pablo Colón.